Christoph Hürlimann

Mein Weg in die Wüste

Meditationen mit Bildern
von Elsbeth Tanner

Jordan-Verlag

Das Geschenk der Wüste

Menschen hasten dahin und dorthin. Sie wissen nicht, woher sie kommen und wohin sie gehen. So stürzen sie sich in diese Erfahrung und jene Betätigung. Dann wachen sie auf und merken, daß ihr Weg nicht mehr zu ihnen paßt. Diese Erfahrung kann sich in einer bestimmten Lebensphase besonders intensiv einstellen. Eine Frau hat sich ganz der Hingabe an die Familie gewidmet. Die Kinder verlassen das Elternhaus. Eine große Leere bleibt zurück. Ein anderer Mensch entdeckt, daß er sich in seinem Leben nur nach außen gewandt hat, im Handeln aufgegangen ist. Jetzt erfährt er, daß er keine eigene Mitte entwickelt hat, all seine Kräfte in sein Tun geflossen sind. So erwacht der Wunsch nach einer neuen Ausrichtung der Kräfte.

In der Bibel begegnet uns die Wüste als Geschenk, als kurze oder lange Lebensphase, in der der Mensch in eine neue Ausrichtung seines Lebens eingeführt wird. Israel findet diese neue Ausrichtung nach dem Auszug aus Ägypten in seiner vierzigjährigen Wanderung durch die Wüste (2. Mose). Auch später, da Israel seine Ausrichtung wieder verloren hat, den Götzen nachläuft, braucht es eine Zeit der Wüste. So sagt Gott durch den Propheten Hosea: »Darum, siehe, will ich sie locken und in die Wüste führen und ihr zu Herzen reden« (Hosea 2, 14). Auch Elia, der sich in seiner Verzagtheit aufgegeben und in die Wüste zurückgezogen hat, erhält dort von einem Engel Brot und Wasser und eine neue Ausrichtung für seinen Weg (1. Könige 19).

Die Wüste ist Geschenk. Sie ist die Einladung, sich für seine neue Ausrichtung zur Selbstbesinnung zurückzuziehen. Ob ich meine Wüste an einem abgeschiedenen Ort, in Distanz zu den Menschen finde? Ob ich inmitten meines Alltags »Wüste machen« soll (Carlo Carretto)? Es ist auf jeden Fall gut, wenn ich über die Wüste, die mein Leben zur neuen Ausrichtung braucht, nachdenke.

3

In die Wüste gehen

In die Wüste gehen – oder doch ein wenig Wüste in mein Leben bringen:

Ich befreie mich von Gegenständen, Verpflichtungen und Worten, die mich umgeben und auf mich eindringen. Ich lasse mir freien Raum schenken, in dem ich atmen, aufatmen kann.

In die Wüste gehen – oder doch ein wenig Wüste in mein Leben bringen:

Ich lasse den Durst zu, von dem mich das Vielerlei abgelenkt hat. Ich spüre ihn neu, den Durst nach dem lebendigen Wasser, nach dem meine Seele ruft. Ich halte ihn aus, diesen Durst, ohne ihn sogleich neu zuzudecken. Ich stelle mich diesem inneren Durst.

In die Wüste gehen – oder doch ein wenig Wüste in mein Leben bringen:

Mit Mose halte ich Ausschau nach dem brennenden Dornbusch, in dem mir Gott neu und überraschend begegnen will. Mit Mose halte ich in der Wüste Ausschau nach dem Gott, der mir meine Ausrichtung neu zeigt, der mir meine Berufung in Erinnerung ruft.

In die Wüste gehen – oder doch ein wenig Wüste in mein Leben bringen:

Von Zeit zu Zeit verlasse ich Gegenstände, Verpflichtungen und Worte, die mich umgeben und auf mich eindringen. Ich öffne mich neu für die Ausrichtung meines Lebens.

Schritte ins Offene

Ich habe mich auf den Weg gemacht in die Wüste.

Ganz allein bin ich unterwegs. Nur ein kleines Stück des Weges sehe ich. Dann führt er um eine Schleife – ins Unbekannte. Ich weiß nicht, was nach der Schleife kommt. Wartet dort eine Oase? Wartet dort eine Bedrohung? Oder geht der Weg weiter wie vor der Biegung? Der Weg führt ins Unbekannte. Meine Schritte sind so Schritte der Angst.

Ich habe mich auf den Weg gemacht in die Wüste.

Der Weg führt ins Unbekannte. Das macht mir angst. Hätte ich nicht lieber daheimbleiben, statt aufbrechen sollen? Ich beginne mich nach der kleinen, sicheren Welt zu sehnen, aus der ich aufgebrochen bin. Sicher war es eine enge und gleichförmige Welt. Aber ich wußte, was ich hatte. Soll ich in sie zurückkehren? Wähle ich nicht besser die kleine, bekannte Vergangenheit als eine große, unbekannte Zukunft? Das Zögern in meinen Schritten wächst.

Ich habe mich auf den Weg gemacht in die Wüste.

Der Weg führt ins Unbekannte. Das macht mir angst. Vor meinem Aufbruch wußte ich wenigstens, was ich hatte. Ich zögere im Weitergehen. – Eine Stimme ganz tief in mir sagt: »Du kennst das Land noch nicht, in das dich dieser Weg führt. Es ist ein neues Land, in das Gott dich ruft.« Bin ich nicht um dieser Stimme willen aufgebrochen? So lasse ich die Angst hinter mir. So lasse ich das Zögern hinter mir. Ich gehe weiter. Nach und nach wächst das Vertrauen in meinem Herzen. Nach und nach wächst das Vertrauen in meinen Füßen. Meine Schritte werden Schritte ins Offene.

Die bleibende Spur

Der Weg führt weiter, hinaus in die Wüste, tiefer hinein in meine Besinnung. Sehe ich einfach eine unbekannte Weite, die vor mir liegt? Erkenne ich schon den Dornbusch, den Ort, an dem Gott zu mir sprechen will?

Vor mir ist unberührtes Land – Chance für eine neue Spur. Aber hinter mir sind die Abdrücke meiner Füße. Hinter mir ist die Spur meines Lebens. Diese Spur bleibt. Ich kann zwar vermeiden, sie anzuschauen. Gerade dann wird sie sich aber immer wieder melden, wird sich in Erinnerung rufen. Diese Spur ist in mein Herz eingegraben, unverlierbar.

So will ich diese Spur anschauen, will ihr nicht ausweichen. Ich sehe beschwingte, fast tanzende Schritte. An ihnen darf ich mich noch einmal freuen. Da schaue ich auch auf tiefe Abdrücke im Sand, auf schwere Schritte. Wenn ich an sie denke, darf ich noch einmal seufzen, sogar laut klagen. Erinnere ich mich auch dankbar an Menschen, die mich bei diesen Schritten begleitet haben? Vielleicht sehe ich auch Schritte, die quer zur Spur liegen, in meiner Rückschau verfehlte Schritte. Auch sie will ich noch einmal anschauen, mit Vertrauen in Gottes Hand legen.

Auf meinem Weg in die Wüste will ich die Chance des unberührten Sandes, des offenen Weges wahrnehmen. Ich will aber auch auf die Spur schauen, die hinter mir liegt. Wenn ich diese Spur so anschaue, sie in mir mittrage, ist sie eine Kraft für die Schritte, die vor meinen Füßen warten.

Leere

In der Wüste gibt es Augenblicke, da weit und breit nichts zu sehen ist. Da ist der heiße Sand, der sich bis zum Horizont ausdehnt. Als riesige Glocke wölbt sich über mir der Himmel. Weit und breit sehe ich kein Leben. Die Welt ist wüst und leer.

Diese Leere bleibt mir nicht erspart, wenn ich hinausgehe, mich selber neu suche, Gott neu suche. Leere ist dann nicht nur um mich herum; sie ist auch tief in mir. Alles Getümmel, das mich sonst umgibt und erfüllt, ist verklungen. Geblieben ist nichts als Leere. Eine tiefe innere Schwere hat sich in mich gelegt. Eine unendliche Ohnmacht hat sich in mir ausgebreitet. Alles ist mir abhanden gekommen.

Ich kann versuchen, diese Erfahrung der Leere möglichst schnell zu überspielen und zuzudecken. Möglichst schnell wandere ich weiter, suche Ablenkung und Zerstreuung. Ich kann viele Worte lesen, auch wenn sie aus dem Leeren kommen. Ich kann viele Worte sprechen, auch wenn sie in die Leere hinausklingen.

Ich kann auch versuchen, diese Leere auszuhalten, mich ihr auszusetzen. Gerade in ihr kann dann etwas Wichtiges geschehen. Gott wirkt an mir, ohne daß ich es merke. Eine Verwandlung beginnt, die sich schließlich auf meinen Weg auswirkt. Tief in meiner Seele beginnt etwas zu wachsen.

Schenke mir, Gott, die Kraft, die Leere und Schwere in der Wüste auszuhalten.

Oase

Ich bin unterwegs auf meinem Wüstenweg. In der Abgeschiedenheit suche ich mich selber. In der Abgeschiedenheit suche ich Gott. Ich bin erschöpft von meinem langen Wandern. Noch immer ist kein brennender Dornbusch in Sicht, aus dem Gott zu mir spricht. Da ist nur Wüste und Wüste. Fast hätte ich sie übersehen: Da taucht eine Oase auf in einiger Entfernung. Ich gehe zu ihr hin und betrete sie. Ich erfahre Erfrischung. Ich sehe wieder Gras und Bäume. Ich begegne Menschen, die mit mir in der Wüste unterwegs sind und dort rasten.

Oase? Es kann ein erfrischender Trank sein, der Leib und Seele mitten auf dem Wüstenweg stärkt. Oase? Es kann eine andere Farbe sein, das tiefe Grün, das mitten in der Überflutung durch das Rot des Sandes durch meine Augen in die Seele fällt. Oase? Vielleicht ist es eine kurze Begegnung oder ein tiefes Gespräch mit einem Menschen, der gleich mir in der Wüste nach Gott und sich selber sucht. Oase? Eine Erfahrung, die mich auf meinem Weg der Klärung stärken will, wartet auf mich.

Ich könnte an einer Oase vorbeigehen, sie übersehen. So muß ich auf die Oasen achten. Manchmal merke ich erst später, daß mir eine Oase Kraft geschenkt hat.

Ich gehe und gehe

Unendlich lang scheint mir der Weg durch die Wüste. Aber es geschieht nichts.
Keine Stimme sagt mir ein klärendes Wort. Da ist kein Dornbusch, aus dem Gott
redet. Keine Erleuchtung stellt sich ein und erfüllt mich mit wachsender Kraft.
Dabei sind meine Füße müde von der langen Wanderung. Bin ich umsonst in die
Wüste aufgebrochen? Der unendlich lange Weg, den ich vor mir sehe, beginnt
mich zu lähmen. Meine Ungeduld wächst. Soll ich nicht umkehren in das Leben
der Dörfer und in den Lärm der Städte, aus denen ich aufgebrochen bin? Wenn
hinter dieser ganzen Wüstenwanderung zuletzt nichts steckt?

Da denke ich an die Weisen aus dem Morgenland. Weit im Orient sahen sie den
Stern über Bethlehem und machten sich auf den Weg. Es wurde ein langer, ein
sehr langer Weg. Aber sie blieben auf ihm. Immer wieder neu schauten sie auf
den Stern und machten sich neu auf den Weg. So standen sie zuletzt doch vor
dem Stall und erhielten Weisung und Kraft für einen neuen Weg. Die Weisen aus
dem Morgenland zeigen mir den Segen, der auf einem langen Weg liegt; auf
einem Weg, auf dem – scheinbar – zuerst lange, sehr lange nichts geschieht.

So gehe ich weiter auf dem Weg durch die Wüste, obwohl er mir unendlich lang
erscheint und auf ihm scheinbar nichts geschieht. Noch immer bin ich der Alte,
ohne Erleuchtung und ohne Verwandlung. Noch immer ist kein brennender
Dornbusch in Sicht. Aber ich gehe und gehe. Vielleicht geschieht in diesem
langen Gehen mehr, als ich im Augenblick merke.

Wegweiser

Hat die Stimme des Zweifels doch recht bekommen?

Du wirst deinen Weg in der unendlichen Wüste, in der Flut deiner Gedanken, Gefühle niemals finden. Ich beginne daran zu zweifeln, daß ich auf einem Weg bin und einem Ziel entgegengehe. Da sehe ich zuerst aus der Ferne, dann immer näher die fünf Steine, sorgfältig aufeinandergeschichtet. Es ist mein Wegweiser. Ich merke: Wenn ich auf ihn achte, wird er mir meinen Weg zeigen.

Welches ist mein Wegweiser?

Vielleicht ist es das Gespräch mit einem Menschen. Ich erzähle ihm von meinem Weg. Ich erzähle von meinen gelungenen Schritten. Ich erzähle ihm auch von den Stolperschritten, die mich belasten und es mir schwermachen, den Weg zu finden. Mein Gesprächspartner gibt mir keinen Rat. Indem ich ihm aber alles erzähle, klärt sich die Spur des bisherigen Weges. So zeichnet sich auch eine Spur ab, die weiterführt.

Welches ist mein Wegweiser?

Eine innere Stimme gibt mir eine Weisung. Sie spricht klar zu mir, wenn ich ihr nur zuhören will. Sie weist mir sehr klar den Weg zu den Menschen. Oder rät sie mir gerade zu mehr Distanz? Sie ermutigt mich zu entschlossenem Handeln. Oder legt sie mir nahe, einen Schritt noch einmal zu überdenken? Vielleicht gibt sie mir den klaren Rat, zu beten und Gott um seine Weisung zu bitten. Habe ich diese Möglichkeit vergessen?

Wo der Dornbusch brennt

Nach einer Wegbiegung taucht er plötzlich auf – der Dornbusch.

Verdorrt steht er vor mir, kahl. Er hat schon feuerrot geblüht. Ich kann es mir gut vorstellen. Jetzt scheint er gestorben. Ich sehe nur kahle Äste, erloschenes Leben. Spiegelt der Busch mein Inneres? Ist es nicht auch so verbraucht, so ausgebrannt? Ich begegne keinem echten Lebensfunken mehr. In der Wüste erkenne ich erst recht die Leere in mir. Der Dornbusch ist kahl.

Ich stehe vor ihm, dem kahlen Dornbusch, Gleichnis für mein Inneres.

Da beginne ich zu spüren, daß in ihm Leben ist, verborgenes Leben. Ich spüre das verhüllte Leben, das aus ihm hervorbrechen will. Plötzlich sehe ich sogar die Flamme, die den Dornbusch umhüllt. Wärme, Hitze kommt mir aus ihm entgegen. Es ist Leben, starkes Leben. Ich merke, daß mich dieses Leben berührt. Der Dornbusch brennt. Auch in mir entzündet sich eine Flamme.

So stehe ich vor ihm, dem kahlen Dornbusch, der doch brennt.

Da höre ich aus ihm eine Stimme. Sie ruft meinen Namen. Dieser Ruf erfüllt die Leere in mir. Zuerst ist der Ruf leise, schwach. Dann wird er kräftig und deutlich. Damit beginnt mitten in meiner Leere neues Leben zu wachsen. Plötzlich ist mir ganz klar, daß ich einen bestimmten Weg zu gehen habe. Der Ruf meines Namens hat mein Herz neu erreicht. Ich habe neu meine Berufung empfangen.

Mein Baum

Mitten in der Wüste stehe ich vor ihm. Ich schaue ihn lange an. So wird er mehr und mehr zu meinem Baum. Abgefallene Äste liegen am Boden. Der Stamm scheint faserig und ausgetrocknet. Die Äste sind dürr und voll seltsamer Krümmungen. Es ist kein schöner und gepflegter Baum. Es ist kein Baum aus einer Parkanlage. Es ist kein Baum aus gepflegten Wäldern. Er ist knorrig und wild. Ist er vielleicht schon tot? Die Nadeln zeigen, daß er noch am Leben ist. Ganz tief unten erhalten seine Wurzeln noch Nahrung. In seinem dicken Stamm ist noch Leben. Die knorrigen Äste geben dieses Leben weiter in die Nadeln. Es ist kein Baum, wie er für die Alleen gebraucht wird. Aber es ist ein Baum mit seinem eigenen Leben und seinem eigenen Charakter.

Ich erschrecke zuerst. Hat mich Gott tatsächlich zu diesem Baum geführt, um mir mein Leben zu zeigen? Es wäre dann ein Leben, das sich nicht leicht in den Reigen anderer Leben einfügt. Aber die knorrigen Äste – entsprechen sie nicht der widerborstigen Art, in der ich Gott und Menschen begegne? Die eigenwilligen Ansätze der Wurzeln – zeigen sie nicht, wie ich manchmal fast hoffnungslos nach Halt und Nahrung für mein Leben suche? Doch die Nadelbüschel – sie zeigen, daß ich Früchte bringe, mögen sie stachlig und bitter sein.

Ich hätte mir einen schöneren Baum als Spiegelbild meines Lebens gewünscht, wohlgestaltet, mit einem ebenmäßigen Stamm und einer großen runden Krone. Aber dies ist dafür ganz mein Baum. So hat mich Gott unter allen Bäumen gemeint. Ich beginne meinen Baum zu lieben. In ihm beginne ich mein Leben zu lieben. – Mitten in der Wüste gehen mir die Augen auf für meinen Baum und so für mein Leben. Ich lerne »ja« sagen.

Neues Leben

Nichts als roter, toter Stein.

Auf meinem Weg durch die Schlucht türmt er sich auf. Rot und tot steht er auf beiden Seiten. Der Ruf meines Namens klingt zwar noch nach, der Ruf aus dem brennenden Dornbusch, meine Berufung. Auch der Baum, Spiegel meines Lebens, ist noch nicht ganz vergessen, als Hinweis auf meine Bestimmung. Sollte nun nicht endlich eine Erfahrung von Leben erfolgen, ein Schritt aus meiner Berufung heraus? Aber da ist nur roter, toter Stein.

Nur roter, toter Stein?

Als ein kleines Wunder entdecke ich die Pflanze in einer Ritze des Steines. Da begegnet mir ein kleiner grüner Flecken, ein kleiner Anfang von Leben mitten in totem Gestein. Ein wenig schäme ich mich, daß ich nichts mehr erwartet habe, daß ich trotz der Stimme aus dem Dornbusch in die alte Resignation zurückgefallen bin. Die kleine grüne Pflanze weckt mich. Sie wagt es, mitten im großen roten und toten Felsen zu leben.

Alles nur roter und toter Stein?

Die kleine grüne Pflanze macht mir Mut, auch einem kleinen hoffnungsvollen Schritt etwas zuzumuten. Ist es ein Wort? Ist es ein Lächeln? Ist es eine Blume? Ist es das Anzünden einer Kerze? Ist es das Schreiben eines Briefes? Es kann eine kleine hoffnungsvolle Erfahrung sein, die ich annehme. Es kann ein kleines hoffnungsvolles Zeichen sein, das ich aussende. Der kleinen grünen Pflanze im roten, toten Stein will ich viel zumuten – daß sie zuletzt den Stein besiegt.

Noch einmal die Stimmen

Noch einmal die Stimmen.

Habe ich sie nicht verlassen, als ich in die Wüste aufbrach? Ich dachte, daß ich gerade so frei werde von ihnen. Sie traten auch wirklich zurück. So konnte ich die eine Stimme aus dem Dornbusch auch deutlich vernehmen. Deshalb konnte auch die kleine grüne Pflanze neues Leben in mir wecken. Sie schienen endgültig verklungen, die lauten Stimmen, die sonst auf mein Leben einstürzen.

Noch einmal die Stimmen.

Jetzt, in der endlosen Ebene, holen sie mich noch einmal ein. Sie sind schneller als ich in der Wüste. In der Stille der ungeschützten Ebene sind sie noch lauter als sonst. Schutzlos bin ich ihnen ausgeliefert: Was hast du mit diesem Aufbruch in die Wüste angestellt? Hast du dir auch schon überlegt, was andere über deinen Weg denken? Wer wird dir, dem Erstarrten, eine Begegnung mit dem brennenden Dornbusch, neue Lebendigkeit schon zutrauen? Der kleine Anfang der Hoffnung, die grüne Pflanze im toten Felsen, wird sicher durch die Last deiner Erfahrungen bald erdrückt. Hast du deine zahllosen Aufbrüche und all die nachfolgenden Niederlagen vergessen?

Noch einmal die Stimmen.

In der Weite der Wüste holen sie mich noch einmal ein und fallen über mich her. Sie wollen mir das Geschenk des neuen Lebens, das zaghaft zu keimen beginnt, rauben.

Noch einmal die Stimmen:

Sende mir, lebendiger Gott, einen starken Engel. Er soll mit seinen Flügeln das keimende Leben in mir beschützen – vor dem Orkan der Stimmen, der durch die Wüste rast.

Wieder die Berge

Als ich in die Wüste ging, dachte ich an eine endlose Weite. Ich wußte um die Einöde, den heißen Sand, den langen Weg, auch um Schluchten und Täler, die ich durchqueren muß. Die Berge, so dachte ich mir, die Berge habe ich beim Aufbruch in die Wüste hinter mir gelassen. Doch jetzt, da sich mein Weg dem Ende nähert, sind sie plötzlich wieder da. Wie große und kleine Zähne stehen sie vor mir. Ich kann nicht an ihnen vorbeigehen. Ich muß mitten durch sie hindurch.

So stehen die Berge auf der Schwelle meines Weges aus der Wüste zurück ins Alltagsleben. Es sind die Berge, die dieses Leben wieder an mich heranträgt. Vielleicht ist es gut, wenn ich diesen Bergen jetzt ihre Namen gebe. Namenlos sind sie bedrohlicher, als wenn sie erkannt sind, einen Namen tragen. Dann kann ich mit ihnen sprechen.

Wie heißen sie, meine Berge auf der Schwelle von der Wüste in den Alltag? Ist es die Angst, wieder dem Urteil der Menschen ausgesetzt zu sein? Ist es die Angst vor dem nächsten Versagen? Sind diese Berge tatsächlich Gleichnisse für die Vulkane, die in mir warten und bei der kleinsten Gelegenheit ausbrechen können? Ist diese Bergkette einfach die Last des Weges, dem ich mich nicht gewachsen fühle? Die Berge, sie sind wieder da am Ende meines Wüstenweges. Ich muß mitten durch sie hindurch.

Wieder die Berge?

Ich will darauf vertrauen, daß ich verwandelt bin, den Bergen neu begegnen kann. Ich will es diesen Bergen sagen, immer wieder sagen: Ich bin dem brennenden Dornbusch begegnet. Aus ihm heraus hat Gott meinen Namen gerufen. Jetzt weiß ich, daß ich ihm gehöre und nicht mehr euch, den Bergen. Auch jetzt muß ich euch noch begegnen. Aber eure Macht über mich habt ihr verloren. – Ich bin selber erstaunt, daß ich den Bergen gelassener entgegengehe. Die Wüste hat mich verwandelt.

Begegnung am Brunnen

Ich kehre zu den Menschen zurück.

Hat mich die Wüste verwandelt? Da war zuerst das Zögern, diesen Weg ins Unbekannte überhaupt zu gehen. Es kam, nach langer Wanderung, die Begegnung mit dem Dornbusch. Er begann zu brennen. Ich hörte meinen Namen. Neu entdeckte ich meine Berufung. Die kleine grüne Pflanze im roten toten Felsen zeigte mir den Keim des neuen Lebens – noch schwach und verletzlich und doch voll Hoffnung. In der Wüste hörte ich dann noch einmal die Stimmen, die Stimmen, die mich einholen und mich bedrängen. Ich konnte Gott nur um einen starken Engel bitten, der mich beschützt. Der Kampf mit den Stimmen war wichtig. In all dem hat mich die Wüste verwandelt. Jetzt kehre ich zu den Menschen zurück.

Ich sitze wieder mit einem Menschen am Brunnen.

Vielleicht geschieht nichts. Oder ganz einfach: Einer von uns hat ein Gefäß. Er gibt dem anderen zu trinken. Das Gefäß geht hin und her. Wir schauen in die Wüste hinaus – woher ich jetzt komme. Wir schauen ins Wasser, sehen uns selber, dann in die Tiefe. Es ist gut, mit einem Menschen beim Brunnen zu sitzen.

Ich sitze mit einem Menschen am Brunnen.

Ich erzähle ihm von meinem Weg durch die Wüste. Ich erzähle ihm davon, was sich für mich gewandelt hat. Indem ich es einem Menschen erzählen kann, wird es mir klarer. Oder höre ich zu, was den andern bewegt? Hat mich die Wüste zum besseren Zuhörer gemacht? Ich merke, daß ich nicht mehr sogleich eine Antwort gebe. Ich gewähre dem anderen Raum, selber eine Antwort zu suchen.

Ich sitze mit einem Menschen am Brunnen.

Etwas von meinem Wüstenweg lebt in mir weiter. Zugleich beginne ich mich wieder für das Leben zu öffnen. Hier, auf der Schwelle von der Wüste zum Alltag, höre ich tief in mich hinein, wie die Wüste in mir weiterleben soll.

Wüste

Bibel

»Mose aber hütete die Schafe seines Schwiegervaters Jethro, des Priesters der Midianiter. Einst trieb er die Schafe über die Steppe hinaus und kam an den Gottesberg, den Horeb. Und der Engel des Herrn erschien ihm in einer Feuerflamme, die aus dem Dornbusch hervorschlug. Und als er hinsah, da brannte der Busch im Feuer, aber der Busch ward nicht verzehrt.«

(2. Mose 3, 1–3)

»Da fürchtete sich Elia, machte sich auf und ging fort, sein Leben zu retten. Als er nach Beerseba in Juda kam, ließ er seinen Diener dort; er selber aber ging in die Wüste, eine Tagereise weit, und als er hingekommen, setzte er sich unter einen Ginsterstrauch. Da wünschte er sich den Tod und sprach: Es ist genug! So nimm nun, Herr, mein Leben hin, denn ich bin nicht besser als meine Väter. Dann legte er sich unter dem Ginsterstrauch schlafen. Auf einmal aber berührte ihn ein Engel und sprach zu ihm: Steh auf und iß! Als er sich umschaute, siehe, da fand sich zu seinen Häupten ein geröstetes Brot nebst einem Krug mit Wasser. Da aß er und trank und legte sich wieder schlafen. Und der Engel des Herrn kam zum zweitenmal, berührte ihn und sprach: Steh auf und iß! Sonst ist der Weg für dich zu weit. Da stand er auf, aß und trank und wanderte dann kraft dieser Speise vierzig Tage und vierzig Nächte bis an den Gottesberg Horeb.«

(1. Könige 19, 3–8)

»So will ich an ihr heimsuchen die Tage der Baale, da sie ihnen opferte und sich schmückte mit Ring und Geschmeide und ihren Buhlen nachlief und meiner vergaß, spricht der Herr. Darum, siehe, will ich sie locken und in die Wüste führen und ihr zu Herzen reden. Dann will ich ihr ihre Weinberge geben und das Tal Achor zur Pforte der Hoffnung machen. Dorthin wird sie hinaufziehen wie in den Tagen der Jugend, wie damals, da sie aus dem Lande Ägypten heraufzog.«

(Hosea 2, 13–15)

»Und alsbald treibt der Geist Jesus in die Wüste hinaus. Und er wurde in der Wüste vierzig Tage vom Satan versucht; und er war bei den Tieren, und die Engel dienten ihm.« (Markus 1, 12. 13)

Wo der Dornbusch brennt

»Ich bin in die Wüste gekommen, um zu beten, um beten zu lernen. Das ist das große Geschenk, das mir die Sahara gemacht hat, ein Geschenk, das ich an alle meine Lieben weitergeben möchte, ein unermeßliches Geschenk, ein Geschenk, das alle anderen in sich schließt, das »sine qua non« des Lebens, unabdingbare Bedingung, der Schatz, der im Acker verborgen, die kostbare Perle, die auf dem Markt entdeckt wurde. Man könnte sagen: Wir sind das, was wir beten. Der Grad unseres Glaubens ist der Grad unseres Betens. Die Kraft unserer Hoffnung ist die Kraft unseres Betens. Die Glut unserer Liebe ist die Glut unseres Betens. Nicht mehr, nicht weniger.«

(Carlo Carretto, Wo der Dornbusch brennt)

»Der gleiche Weg gilt nicht für alle. Wenn du nicht in die Wüste gehen kannst, mußt du dennoch in deinem Leben »Wüste machen«. Bring ein wenig Wüste in dein Leben, verlaß von Zeit zu Zeit die Menschen, such die Einsamkeit, um im Schweigen und anhaltenden Gebet deine Seele zu erneuern! Das ist unentbehrlich. Das bedeutet »Wüste« in deinem geistlichen Leben. Eine Stunde am Tag, einen Tag im Monat, acht Tage im Jahr, länger, wenn es nötig ist, mußt du alles und alle verlassen, um dich allein mit Gott zurückzuziehen.«

(Carlo Carretto, Wo der Dornbusch brennt)

»Aber die Wüste ist nicht der endgültige Ort. Sie ist eine Zwischenstation. Denn unsere Berufung ist, wie ich dir sagte, die Kontemplation auf den Straßen. Nach der Pause der Wüste müssen wir von neuem den Weg weitergehen.«

(Carlo Carretto, Wo der Dornbusch brennt)

Bildnachweis

Die Fotografie auf Seite 18 stammt aus dem Jemen. Alle anderen Bilder sind in der algerischen Sahara entstanden. © Copyright für alle Fotos: Elsbeth Tanner, Bürglistraße 8, CH-8134 Adliswil.

Christoph Hürlimann, von 1964 bis 1987 evangelisch-reformierter Pfarrer in Kappel am Albis. Seit 1988 Leiter des dortigen Hauses der Stille und Besinnung. Seit 27 Jahren Mitarbeiter der Zürcher Telebibel. Mitarbeit während zehn Jahren an der Radio-DRS-Sendung »Ökumenische Meditationen«. Regelmäßige Mitarbeit bei der Zeitschrift »Leben und Glauben«. Verfasser von Trostheften, eines Buches über Niklaus von Flüe sowie der Meditationen mit Bildern »Der Engel vor deiner Tür«, »Mein Weg nach Bethlehem«, »Wandern im finstern Tal«, »Schritte vor meinen Füßen«, »Mein Leben als Fragment«, »Wandern mit wachsender Kraft« sowie des Buches »Mich aufmachen und heimkehren.«

Elsbeth Tanner wohnt in Adliswil und ist Lehrerin in Zürich. Fotografieren ist für sie ein Ausdrucksmittel und ein Ausgleich zum Unterricht. Mit ihren Aufnahmen möchte sie die Menschen auffordern, von Zeit zu Zeit ruhig, bewußt und langsam ihren Weg zu gehen, sich Zeit zu nehmen zum Staunen und Betrachten. Ihre Motive findet sie auf ihren Reisen im In- und Ausland oder auch in ihrer näheren Umgebung wie zum Beispiel in Kappel am Albis.

Ebenfalls im Jordan-Verlag erschienen:

Christoph Hürlimann: Schritte vor meinen Füßen. Meditationen mit sieben farbigen und acht schwarzweißen ganzseitigen Bildern. Geheftet. 32 Seiten.

Christoph Hürlimann: Mein Leben als Fragment. Meditationen mit neun farbigen und vier schwarzweißen ganzseitigen Bildern. Geheftet. 32 Seiten.

Christoph Hürlimann: Wandern mit wachsender Kraft. Meditationen mit elf farbigen und drei schwarzweißen ganzseitigen Bildern zum Advent. Geheftet. 32 Seiten.

© 1995 Jordanverlag AG, CH-8052 Zürich
ISBN 3-906561-30-5
Gesamtherstellung: St.-Johannis-Druckerei, D-77922 Lahr